BIBLIOTECA GRÁFICA

TANQUES

BIBLIOTECA GRÁFICA

TANQUES

C.J. Norman

Franklin Watts

Londres   Nueva York   Sydney   Toronto

First Spanish language edition
published in the USA in 1991 by
Franklin Watts, Inc.
387 Park Avenue South
New York, NY 10016

Spanish translation copyright © 1991
by Franklin Watts, Inc.

ISBN: 0-531-07922-8
Library of Congress Catalog Card
Number 90-71422

English language edition © 1986
by Franklin Watts Ltd

Printed in the United States of America

Designed by
Barrett & Willard

Photographs by
Christopher F. Foss
T.J. Gander

General Dynamics Land Systems
Hughes Aircraft Co
NATO
Novosti Press Agency
Royal Ordinance
Swedish Air & Military Attaché
UK Land Forces HQ
US Department of Defense
Weston Simfire

Illustrations by
Janos Marffy/Jillian Burgess Artists

Technical Consultant
T.J. Gander

Series Editor
N.S. Barrett

Contenido

Introducción

Los tanques son vehículos blindados usados en combate. Llevan armas de fuego y lanzamisiles. La mayoría de los tanques son movidos por cadenas de oruga.

Los principales tanques de combate normalmente tienen una tripulación de tres o cuatro hombres. Pueden viajar por terrenos accidentados, subir cuestas empinadas y girar completamente sobre sí mismos. En terreno plano alcanzan velocidades de hasta 50 mph (80 km/h).

△ Dos tanques de combate norteamericanos, un M60 (a la izquierda) y un Abrams. Los tanques de combate se usan para hacer ataques rápidos a través del campo.

Los tanques de combate tienen blindaje pesado y llevan grandes armas de fuego. Son usados para atacar otros vehículos blindados y a la infantería enemiga, y para apoyar las posiciones de su propia infantería.

Tanques más ligeros son usados como vehículos de reconocimiento. Averiguan las posiciones enemigas. Otros tanques o vehículos blindados tienen tareas especiales tales como transportar tropas o tender puentes.

△ Muchos vehículos blindados, tales como este transporte blindado de personal, tienen cadenas de oruga y carrocería de tanque.

7

El tanque

Equipo electrónico para rastrear al blanco y determinar la distancia a la que se encuentra, y para apuntar el cañón

Sistemas electrónicos de control y comunicaciones

La torreta gira completamente con el cañón y la tripulación

Cañón principal, colocado en la torreta, puede moverse para arriba y para abajo y girar con la torreta

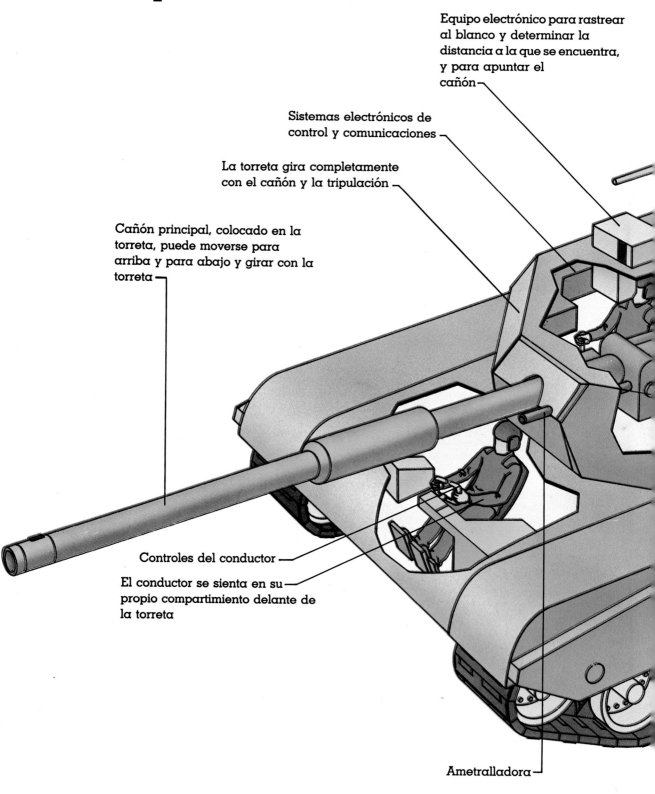

Controles del conductor

El conductor se sienta en su propio compartimiento delante de la torreta

Ametralladora

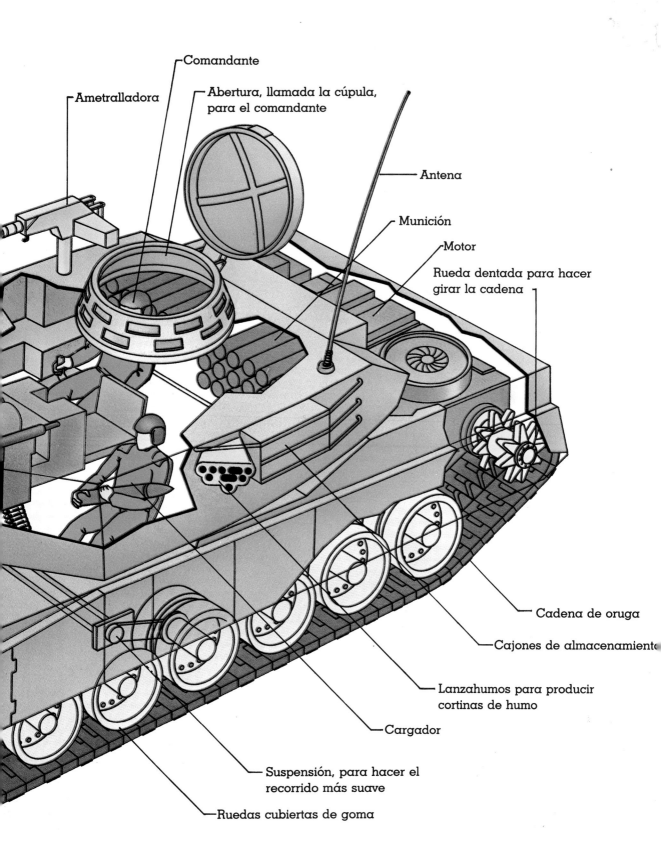

Comandante

Ametralladora

Abertura, llamada la cúpula,
para el comandante

Antena

Munición

Motor

Rueda dentada para hacer
girar la cadena

Cadena de oruga

Cajones de almacenamiento

Lanzahumos para producir
cortinas de humo

Cargador

Suspensión, para hacer el
recorrido más suave

Ruedas cubiertas de goma

9

Dentro de un tanque

Los miembros de la tripulación entran
a su tanque a través de escotillas en
la parte superior. Una vez dentro,
permanecen en su propio
compartimiento.

Maniobrar un tanque en combate
requiere de una habilidad
considerable. El conductor usa un
periscopio para ver adelante. Los
miembros de la tripulación usan
computadoras y sistemas laser para
ayudarse a encontrar sus objetivos y
dar en el blanco.

▽ Una vista interior de
un S-Tank. Es un tanque
sueco y no tiene torreta.
La tripulación se sienta
detrás del motor que
está en la parte
delantera.

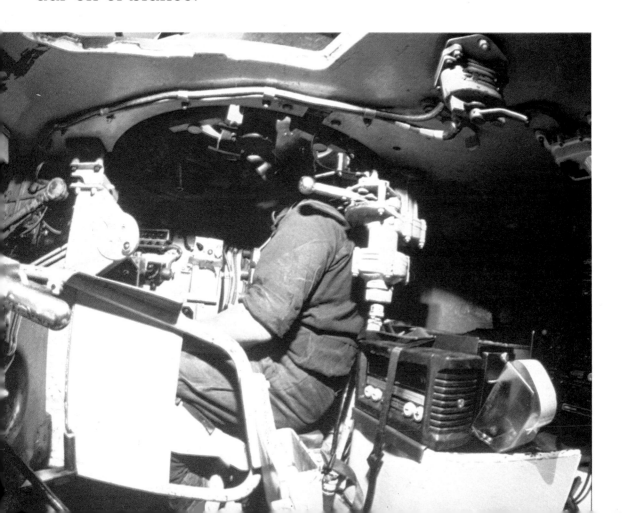

El comandante dirige todas las maniobras del tanque. Él recibe las órdenes y toma medidas para cumplirlas. Actúa de navegante leyendo los mapas y guiando al conductor. También le da al artillero instrucciones sobre el objetivo y la orden de disparar.

Además de sus obligaciones cargando el cañón, el cargador puede ser responsable de operar la radio y preparar unos refrigerios ligeros.

△ Un miembro de la tripulación de un M60 estudia una mira laser. Ésta le da automáticamente la distancia a la que se encuentra el blanco.

Tanques de combate

Los tanques de combate modernos atacan al enemigo a la distancia. El blindaje pesado les da a los tanques protección mientras se aproximan al blanco.

Su principal arma es el cañón instalado en la torreta. Gira a todo alrededor con la torre y se puede mover para arriba y para abajo. La mayoría de tanques de combate también tienen una ametralladora.

△ Un tanque de combate Leopard 1 de Alemania Occidental a punto de cruzar un río. El Leopard puede estar equipado con un esnórquel que al elevarse le permite al tanque vadear ríos a una profundidad de hasta 7.5 pies (2.25 m).

Los tanques de combate son vehículos pesados, pesan desde unas 40 hasta 60 toneladas. Los tanques más pesados pesan más o menos lo mismo que cuatro grandes camiones de pasajeros.

Los tanques dan la vuelta reduciendo la velocidad de una de las cadenas. Esto les da una gran capacidad de maniobra. Pueden avanzar sobre terreno accidentado aplanando los obstáculos en su camino. También pueden viajar por agua poco profunda.

▽ Un Chieftain británico, uno de los tanques de combate más pesados y poderosos en actividad hoy en día. Puede llevar 64 rondas de munición de 4.72 pulgadas (120 mm) para su cañón. Los conjuntos de pequeños cañones a cada lado de la torreta disparan granadas de humo que levantan una cortina de humo cuando es necesario.

◁ Un M60 sale de una lancha de desembarco durante una maniobra militar en Europa. Los primeros M60 entraron en servicio en 1960, en el ejército de los Estados Unidos. Miles de ellos se han construido desde entonces y han sido usados por muchos otros países, especialmente del Oriente Medio.

Las versiones más recientes del M60 tienen muchas mejoras, incluído un sistema laser para controlar el fuego del cañón. El M60 fue el principal tanque de combate norteamericano por mucho tiempo hasta que se fabricó el Abrams a principios de los años ochenta.

El M60 de la foto tiene redes de camuflaje en la torreta. El tubo que sobresale en la parte trasera es para dar salida a los gases de escape desde el motor hasta el exterior cuando la parte inferior del tanque está bajo el agua.

Los tanques de combate más raros
son los S-Tank suecos que no tienen
torreta. Los tanques de combate
israelíes Merkava pueden transportar
soldados. Algunos están diseñados
para llevar pacientes en camillas.

Los tanques de combate soviéticos
más recientes se cargan
automáticamente, y por lo tanto
necesitan una tripulación de sólo tres
miembros.

La mayoría de los tanques
funciona con combustible para
motores diesel. El Abrams, un
tanque estadounidense, tiene un motor
tipo turbo.

△ **Los tanques soviéticos
más recientes desfilan
en la Plaza Roja, Moscú.
Éstos son T72, algunos
modelos de este tipo han
sido llamados T80 por
expertos militares
occidentales. Los
soviéticos no revelan
todos los detalles de sus
vehículos de combate.**

△ El S-Tank fue concebido como un vehículo defensivo. Su nombre completo es Stridsvagn 103. Se construyó sin torreta para tener poca altura. El cañón está instalado en el chasis o carrocería. Para apuntar el cañón se mueve para arriba o para abajo, o para los costados.

▷ El tanque de combate francés AMX30 es el más ligero de los usados por la OTAN (Organización del Tratado del Atlántico Norte), la alianza militar occidental.

Armas antitanques

Los misiles guiados a control remoto son armas antitanques extremadamente efectivas. Pueden dispararse desde tierra o aire. Pueden guiarse por radar, rayos laser o rayos infrarojos. Los misiles térmicos "reconocen" los tanques que son sus blancos por el calor que emiten.

Potentes armas, como las de los tanques de combate, pueden penetrar el blindaje de otros tanques. También se usan minas para poner a los tanques fuera de acción. Los tanques no son afectados por los explosivos nucleares porque el blindaje los protege contra la radioactividad.

▽ **Un tanque bajo la amenaza de un misil guiado a control remoto. Esta arma antitanque es un Copperhead. Se dispara desde un cañón y es guiado por señales que mueven sus aletas, dirigiéndolo hacia el blanco.**

Tanques de reconocimiento

Normalmente los modernos tanques ligeros son llamados tanques de reconocimiento. Su tarea principal es dar parte de las fuerzas y posición del enemigo.

Diferentes tipos de tanques de reconocimiento son usados por los ejércitos de todo el mundo. Muchos se usan también para otros propósitos, tales como transportar tropas o suministros, o atacar posiciones escasamente defendidas.

▽ El Escorpión es un tanque ligero británico. Éste está patrullando un río en Belice, América Central. El Escorpión tiene un blindaje de aluminio para reducir su peso y darle mayor velocidad y maniobrabilidad.

El armamento principal de un tanque de reconocimiento va desde un cañón ligero hasta un cañón casi tan grande como los de algunos tanques de combate. Algunos tanques de reconocimiento llevan misiles antitanques.

El tipo de tanque ligero que un ejército usa depende del tipo de terreno por el que el tanque puede marchar. Algunos tanques son anfibios, es decir que pueden viajar tanto por agua como por tierra.

△ Tanques Sheridan M551 tomando parte en unas maniobras en Fort Stewart, Georgia.

Otros vehículos blindados

Además de tanques de combate y tanques de reconocimiento también hay varios otros tipos de vehículos blindados. Muchos de ellos tienen cadenas y carrocería de tanque.

Entre los vehículos blindados se encuentran los tanques antiaéreos que proporcionan defensa contra helicópteros y aviones. Cañones autopropulsados permiten que la artillería pesada se mueva rápidamente. Sin embargo, ninguno de los vehículos blindados tienen todas las capacidades de los tanques.

▽ El Sergeant York es un tanque antiaéreo. Tiene una carrocería M48 con dos cañones antiaéreos Bofor de 1.57 pulgadas (40 mm). Las dos antenas en la parte superior son radares de búsqueda y rastreo.

▷ Un cañón autopropulsado en unas maniobras militares en un bosque del norte de Europa. Es un Bandkanon. Tiene un chasis con cadenas especialmente construido y usa el motor de un S-Tank. El cañón dispara proyectiles de 6.1 pulgadas (155 mm). El pañol de municiones en la parte de atrás tiene capacidad para 14 rondas que se cargan automáticamente en el cañón. Munición adicional tiene que ser traída por un vehículo de pertrechos. Para subirla, la munición es recogida por una grúa que está detrás de la torreta. El Bandkanon es maniobrado por una tripulación de cuatro miembros.

Cuando un ejército está en movimiento, necesita unos tipos de vehículos blindados especiales.

Los vehículos de rescate recogen tanques averiados y otros vehículos. Los transportes blindados de personal transportan tropas y las protegen del fuego enemigo. También se pueden usar como ambulancias. Algunos vehículos blindados se usan para tender puentes sencillos o para colocar minas. El desarrollo de los tanques y los vehículos blindados es muy costoso y requiere una tecnología bastante sofisticada.

△ El M113 es un transporte blindado de personal norteamericano. Tiene una tripulación de dos miembros, el comandante y el conductor, y lleva hasta 10 soldados de infantería.

◁ Un vehículo de rescate remolcando un tanque Chieftain (arriba). El vehículo mismo tiene una carrocería de Chieftain. Un tanque-puente (abajo) se usa como puente o paso. El tanque despliega el puente y lo coloca a través de un río angosto o de una zanja.

▷ El M2 Bradly es un vehículo de combate de infantería. El compartimiento de tropa, en la parte de atrás, tiene espacio para seis o siete soldados de infantería. La foto muestra una exhibición de cómo funcionan sus cañoneras o aberturas. Los soldados, protegidos por el blindaje del tanque, pueden disparar rifles especiales instalados en las cañoneras.

El cañón está en la parte delantera del tanque y también está haciendo una demostración (a la derecha de la foto).

El Bradley fue construido especialmente para llevar rápidamente soldados de infantería al campo de batalla. Puede viajar en el agua, llevado exclusivamente por sus cadenas, y puede ser fácilmente transportado por aire.

La historia de los tanques

Guerra de trincheras

Durante la Primera Guerra Mundial (1914-1918), se combatía desde trincheras muy hondas. Las líneas enemigas se extendían cientos de millas a lo largo de Europa. Se perdieron miles de vidas en batallas sólo para ganar unas cuantas yardas de terreno porque era difícil atacar las trincheras. Estaban protegidas por alambres de púas y ametralladoras.

Los británicos se pusieron a desarrollar un vehículo blindado que pudiera viajar sobre terreno accidentado y a través de zanjas, y derribar las defensas enemigas. Se llevaron a cabo experimentos secretos en los que se referían a estos vehículos como tanques de agua para ocultar su verdadero propósito. Así es cómo los tanques obtuvieron este nombre. Con la ayuda de los tanques los franceses y británicos triunfaron en la guerra contra los alemanes.

△ **Uno de los primeros tanques usados en la Primera Guerra Mundial.**

Los primeros tanques

Los primeros tanques usados en la guerra eran máquinas lentas y pesadas, marchaban a un poco más de 4 mph (6 km/h). Pero algunos lograron cruzar las líneas alemanas y demostrar su valor como máquinas de combate.

△ **Tanques ligeros franceses en acción.**

Los primeros tanques ligeros

Para sacar ventaja de las brechas que los tanques hacían en combate, los ingleses y franceses desarrollaron tanques más ligeros y rápidos. El más exitoso de éstos fue el Whippet, que podía viajar al doble de la velocidad de los primeros tanques. El Whippet tenía una torreta construida sobre la carrocería. Tenía motores separados para poner en

△ **Tanques Panzerkampfwagen atravesando Francia durante la Segunda Guerra Mundial.**

movimiento cada cadena y se guiaba cambiando la velocidad de alguno de sus motores.

△ **Un tanque Sherman equipado como excavadora para limpiar de escombros las calles.**

Durante la Segunda Guerra Mundial

Los tanques fueron desarrollados y mejorados por muchos países durante el periodo entre las dos guerras. Se hicieron más rápidos y poderosos, y otorgaron mayor protección y comodidad a su tripulación. Los tanques

△ **Un Matilda 2 seguido por un Valentine. La primera versión del Matilda obtuvo este nombre porque se parecía a una pata de dibujos animados llamada Matilda.**

desempeñaron un papel importante en el combate durante la Segunda Guerra Mundial (1939-1945).

Los alemanes invadieron muchos países de Europa con sus divisiones de Panzers (tanques). Entre los tanques más exitosos de la guerra se encontraban el Panzerkampfwagen alemán, el T-34 soviético, el Sherman, el Lee y el Grant norteamericanos, y el Matilda y el Churchill británicos.

Tanques modernos

Las asombrosas pérdidas de tanques durante la guerra árabe-israelí en 1973, condujo a algunos expertos a predecir el fin de los tanques como vehículos de combate. Un tanque puede ser puesto fuera de combate por un soldado que dispara un misil guiado desde un lanzamisiles apoyado en su hombro. Pero los tanques todavía tienen un papel importante en la guerra por tierra. Son el método más rápido para avanzar sobre tierra y sus sistemas de fuego computarizados hacen de ellos armas mortales.

△ **Un tanque Churchill en acción.**

Datos y récords

El más pesado

El tanque más pesado en actividad hoy en día es el Challenger británico, que se puso en servicio en 1983. Pesa 68 toneladas cuando está totalmente cargado.

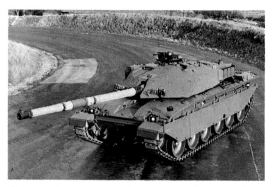

△ **Un Challenger, el tanque más pesado.**

Tanques señuelos

Durante la Segunda Guerra Mundial, ambos bandos usaron falsos tanques como señuelos para atraer el fuego enemigo. Estaban hechos de madera o goma inflable y lona. A la distancia parecían tanques reales.

△ **Un falso M5, hecho de lona y goma inflable y usado por el ejército de los Estados Unidos en la Segunda Guerra Mundial.**

Aparatos especiales

Frecuentemente los tanques han sido equipados con aparatos especiales. Algunos tanques llevan grandes haces de estacas de madera llamadas "fajinas" que se dejan caer en las zanjas para sostener los tanques mientras las cruzan.

En la Segunda Guerra Mundial, se usaron tanques "mayal" (instrumento para desgranar el centeno azotándolo) para despejar un campo minado. Unas cadenas bajaban de un cilindro giratorio en el frente del tanque y "azotaban" el terreno delante de él.

△ **Un tanque "mayal" desembarcando de una lancha para limpiar de minas la playa.**

El más rápido

El tanque más rápido es el Escorpión, un tanque de reconocimiento británico. Tiene una velocidad máxima de 50 mph (80.5 km/h). El Abrams, un tanque estadounidense, es el tanque de combate más rápido, con una velocidad máxima de 45 mph (72 km/h).

Glosario

Cadenas de oruga
Las fajas que circulan alrededor de las ruedas del tanque. Están hechas de metal o de metal con eslabones de goma.

Cañón autopropulsado
Un gran cañón instalado en el chasis de un tanque. Los cañones autopropulsados se pueden mover rápidamente. Se usan para bombardear a la distancia las posiciones enemigas.

Esnórquel
Un tubo que se puede impulsar hacia arriba para que el motor y la tripulación respiren cuando el tanque avanza por el agua.

Laser
Un rayo de luz especial usado en el sistema de alcance y rastreo de un tanque o para guiar descargas de artillería.

Periscopio
Un tubo o una caja con espejos y lentes que permite a un miembro de la tripulación ver fuera del tanque mientras permanece protegido por su blindaje.

Tanque de reconocimiento
Un tanque ligero usado para dar parte de la posición y las fuerzas del enemigo.

Tanque mayor de combate
Un tanque grande, con un cañón potente, usado principalmente para el combate.

Tanque-puente
Un vehículo blindado que lleva partes de un puente que despliega o desliza en el lugar apropiado. Se usa para construir puntos de paso temporales.

Torreta
Parte giratoria de un tanque. En ella está el compartimiento principal para la tripulación, con la excepción del conductor. El cañón está instalado en la torreta.

Transporte blindado de personal
Un vehículo usado para transportar infantería al campo de batalla.

Vehículo de combate de infantería
Una forma especial de transporte blindado de personal desde el cual soldados de infantería pueden disparar sus armas. Algunos llevan en la torreta cañones ligeros o misiles guiados.

Vehículo de rescate
Un tanque especialmente equipado con grúas y tornos para remolcar tanques averiados.

Índice